SHADOW WARRIORS

LES GUERRIERS DE L'OMBRE

SHADOW WARRIORS

The Canadian Special Operations Forces Command

WARRIORS

LES GUERRIERS

Le Commandement des Forces d'opérations spéciales du Canada

DE L'OMBRE

Colonel Bernd Horn

DUNDURN

TORONTO

Editor: Cy Strom
Interior design: Laura Boyle
Cover design: Laura Boyle
Cover image: courtesy of CANSOFCOM / DND
Printer: Marquis

Library and Archives Canada Cataloguing in Publication

Horn, Bernd, 1959-, author
　　Shadow warriors : the Canadian Special Operations Forces Command / Bernd Horn = Les guerriers de l'ombre : le Commandement des Forces d'opérations spéciales du Canada / Bernd Horn.

Issued in print and electronic formats.
Text in English and French.
ISBN 978-1-4597-3810-2 (hardback).--ISBN 978-1-4597-3640-5 (paperback).--
ISBN 978-1-4597-3641-2 (pdf).--ISBN 978-1-4597-3642-9 (epub)

　　1. Canada. Canadian Special Operations Forces Command--History. 2. Special forces (Military science)--Canada--History. I. Horn, Bernd, 1959- . Shadow warriors. II. Horn, Bernd, 1959- . Shadow warriors. French. III. Title. IV. Title: Guerriers de l'ombre.

UA602.C36H67 2016　　　355.4'60971　　　C2016-900868-1E
　　　　　　　　　　　　　　　　　　　　　　　　　C2016-900869-XE

1　2　3　4　5　　20　19　　18　17　16

  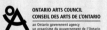 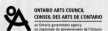

We acknowledge the support of the **Canada Council for the Arts** and the **Ontario Arts Council** for our publishing program. We also acknowledge the financial support of the **Government of Canada** through the **Canada Book Fund** and **Livres Canada Books**, and the **Government of Ontario** through the **Ontario Book Publishing Tax Credit** and the **Ontario Media Development Corporation**.

Care has been taken to trace the ownership of copyright material used in this book. The author and the publisher welcome any information enabling them to rectify any references or credits in subsequent editions.

— *J. Kirk Howard, President, Dundurn Press*

The publisher is not responsible for websites or their content unless they are owned by the publisher.

Printed and bound in Canada.

Éditeur : Cy Strom
Conception graphique de l'intérieur : Laura Boyle
Conception de la couverture : Laura Boyle
Photographie sur la couverture : provien du COMFOSCAN /de la MDN
Imprimeur : Marquis

Catalogage avant publication de Bibliothèque et Archives Canada

Horn, Bernd, 1959-, auteur
　　Shadow warriors : the Canadian Special Operations Forces Command / Bernd Horn = Les guerriers de l'ombre : le Commandement des Forces d'opérations spéciales du Canada / Bernd Horn.

Publié en formats imprimé(s) et électronique(s).
Texte en anglais et en français.
ISBN 978-1-4597-3810-2 (relié).--ISBN 978-1-4597-3640-5 (couverture souple).--
ISBN 978-1-4597-3641-2 (pdf).--ISBN 978-1-4597-3642-9 (epub)

　　1. Canada. Commandement des Forces d'opérations spéciales du Canada--Histoire. 2. Forces spéciales (Science militaire)--Canada--Histoire. I. Horn, Bernd, 1959- . Shadow warriors. II. Horn, Bernd, 1959- . Shadow warriors. Français. III. Titre. IV. Titre: Guerriers de l'ombre.

UA602.C36H67 2016　　　355.4'60971　　　C2016-900868-1F
　　　　　　　　　　　　　　　　　　　　　　　　　C2016-900869-XF

1　2　3　4　5　　20　19　　18　17　16

Nous remercions le **Conseil des Arts du Canada** et le **Conseil des Arts de l'Ontario** de l'aide accordée à notre programme de publication. Nous reconnaissons aussi l'aide financière du **gouvernement du Canada** par l'entremise du **Fonds du livre du Canada** et **Livres Canada Books**, ainsi que l'aide financière du **gouvernement de l'Ontario** par **l'entremise du crédit d'impôt pour l'édition de livres** et de la **Société de développement de l'industrie des médias de l'Ontario** pour nos activités d'édition.

Des mesures ont été prises afin d'identifier les propriétaires du matériel protégé par copyright qui figure dans cet ouvrage. Le cas échéant, l'auteur et les éditeurs accueilleront toute information leur permettant de rectifier les références ou les mentions de provenance dans des éditions subséquentes.

— *J. Kirk Howard, président, Dundurn Press*

L'éditeur n'est pas responsable des sites Internet ou de leur contenu à moins qu'ils ne soient la propriété de l'éditeur.

Imprimé et relié au Canada.

VISIT US AT | VISITEZ-NOUS À
Dundurn.com | @dundurnpress | Facebook.com/dundurnpress |Pinterest.com/dundurnpress

Dundurn
3 Church Street, Suite 500
Toronto, Ontario, Canada
M5E 1M2

TABLE OF CONTENTS

TABLE DES MATIÈRES

FOREWORD

I am delighted to introduce *Shadow Warriors: The Canadian Special Operations Forces Command*. This publication marks the tenth anniversary of the creation of the Canadian Special Operations Forces Command (CANSOFCOM). Moreover, this decade of service is an important milestone in the profession of arms in Canada.

The nation's special operations forces (SOF) legacy runs deep. It can be traced to the *Canadiens* who created the Ranger tradition; to the intrepid individuals who volunteered for "special service" in Canada's SOF units in the Second World War; and to our modern SOF organizations that started with Joint Task Force Two (JTF 2) in 1993 and eventually led to a complete integrated Command.

The growth of the country's SOF is no accident. SOF has historically filled a gap in times of crisis and has provided special and unique capabilities to safeguard the nation and its national interests. In conjunction with the larger Canadian Armed Forces and inter-agency partners, CANSOFCOM has always provided specially selected and trained individuals capable of working in small teams, task-tailored special operations task forces or units to provide the Chief of the Defence Staff (CDS) with precision SOF effects in accordance with government direction.

It is thus a privilege to be part of CANSOFCOM during this milestone. As a badged assaulter and

PRÉFACE

C'est un immense plaisir pour moi d'écrire la préface pour *Les guerriers de l'ombre : le Commandement des Forces d'opérations spéciales du Canada*. Cette publication souligne le dixième anniversaire de la création du Commandement – Forces d'opérations spéciales du Canada (COMFOSCAN). Cette décennie de service représente également un jalon important dans le métier des armes au Canada.

L'héritage des forces d'opérations spéciales (FOS) de notre pays remonte à loin, soit aux Canadiens qui ont créé la tradition des Rangers, ainsi qu'aux gens intrépides qui se sont portés volontaires pour effectuer un « service spécial » dans les unités de FOS canadiennes pendant la Deuxième Guerre mondiale, jusqu'à nos organisations de FOS modernes qui ont commencé avec la Force opérationnelle interarmées 2 (FOI 2) en 1993, pour éventuellement former un commandement intégré complet.

La croissance de nos FOS n'est pas accidentelle. Celles-ci ont toujours comblé des lacunes en temps de crise ou ont fourni des capacités particulières et uniques dans le but de protéger notre pays et ses intérêts. En conjonction avec les Forces armées canadiennes en général et avec nos partenaires interinstitutions, le COMFOSCAN a toujours fourni les services de personnes bien formées et triées sur le volet en mesure

member of JTF 2 from its early beginnings, I was privileged to have had the opportunity to command both tactical-level assault forces and special operations task forces (SOTFs). I was equally fortunate to serve in 2005 on General Rick Hillier's Transformation Command Action Team regarding SOF, which allowed me to share my experience and assist in designing the blueprint that became CANSOFCOM. Subsequently, I was honoured to become the Commanding Officer of JTF 2 and, in February 2014, the Commander of CANSOFCOM.

During this journey I have personally witnessed the maturity of the Command and the evolution of its capability. I am constantly amazed by the quality of our personnel and their dedication to this nation. It is their commitment and expertise that make up the strength of the Command. It is this reliance on specially selected, trained, and educated individuals, operating in small teams to conduct special operations, that has enabled CANSOFCOM to provide political and military decision-makers with scalable, relevant, and timely options to respond to complex, ambiguous, and pernicious problems.

Viam Inveniemus / We Will Find a Way

Mike Rouleau

Major-General

Commander CANSOFCOM

de travailler en petites équipes ou au sein de forces ou d'unités opérationnelles spéciales adaptées à la tâche afin d'offrir des effets de FOS de précision au chef d'état-major de la Défense (CEMD) conformément aux directives du gouvernement.

Il s'agit donc d'un privilège pour moi de faire partie du COMFOSCAN alors que nous atteignons un nouveau jalon. À titre de membre de la force d'intervention au sein de la FOI 2 depuis ses débuts, j'ai eu l'occasion de commander des forces d'assaut de niveau tactique et des forces opérationnelles spéciales. J'ai également eu l'immense bonheur de faire partie, en 2005, de l'équipe d'action du commandement sur la transformation pour les travaux portant sur les FOS, dirigée par le général Rick Hillier, ce qui m'a permis de partager mon expérience et de dresser le plan de ce qui allait devenir le COMFOSCAN. J'ai ensuite eu l'honneur de prendre les commandes de la FOI 2, puis, en février 2014, du COMFOSCAN.

Durant mon parcours, j'ai pu constater de visu la maturité du Commandement et l'évolution de nos capacités. Je suis toujours émerveillé par la qualité de nos membres et par leur dévouement envers notre pays. C'est leur engagement et leur expertise qui font la force du Commandement, et c'est en ayant recours à ces personnes bien entraînées et éduquées et triées sur le volet, qui opèrent en petites équipes pour mener des opérations spéciales, que le COMFOSCAN a été

en mesure de présenter des choix échelonnables, pertinents et opportuns aux décideurs politiques et militaires pour résoudre des problèmes complexes, ambigus et pernicieux.

Viam Inveniemus / Nous trouverons un moyen

Major-général

Mike Rouleau

Commandant du COMFOSCAN

INTRODUCTION:
THE CANADIAN SPECIAL OPERATIONS LEGACY

On February 1, 2016, the Canadian Special Operations Forces Command (CANSOFCOM) celebrated its tenth anniversary. This anniversary passed largely unheralded. After all, few Canadians even realize their nation possesses special operations forces. Even fewer yet understand that Canada has a long and distinguished history with forces capable of conducting special operations.

Indeed, Canada's history with special operations goes back to its beginnings as a French colony. Specifically, Canada's SOF traditions can be traced back to *la petite guerre* conducted by the French-Canadian raiders during the struggle for colonial North America. Their daring and aggressive raids allowed the embryonic nation to punch above its weight in the battle for North America. During these conflicts, small teams of French-Canadian raiders and Natives struck deep into the Anglo-American colonies, creating terror and often paralyzing their opponents and preventing any retaliatory response. In due course, in response to the threat Britain created Goreham's Rangers and Rogers' Rangers. They, together with the French-Canadian warriors, carved out the Ranger tradition, which embodied the concept

INTRODUCTION :

L'HÉRITAGE DES OPÉRATIONS SPÉCIALES DU CANADA

Le 1er février 2016, le Commandement des forces d'opérations spéciales du Canada (COMFOSCAN) a célébré son dixième anniversaire. La célébration est passée inaperçue en grande partie. Après tout, bien des Canadiens ne savent même pas que nous avons des Forces d'opérations spéciales. Seul un petit nombre de personnes comprennent que le Canada a une longue et honorable histoire en matière de forces en mesure d'effectuer des opérations spéciales.

En fait, l'origine des opérations spéciales au Canada remonte à l'époque où le pays était encore une colonie française. Plus précisément, les traditions des FOS au Canada remontent à *la petite guerre* menée par des attaquants canadiens-français durant le combat pour l'Amérique du Nord coloniale. Leurs raids ambitieux et agressifs ont permis à notre pays embryonnaire de se démarquer dans le combat pour l'Amérique du Nord. Durant le conflit, de petites équipes d'attaquants canadiens-français et autochtones ont fait une profonde percée dans les colonies anglo-américaines, terrorisant et même paralysant leurs adversaires de sorte qu'ils ne puissent exercer de représailles. En temps opportun, face à la menace, la Grande-Bretagne a créé les Rangers de Goreham et les Rogers' Rangers. Ceux-ci,

of individuals who were seen as mavericks when set against the conventional military institution and its mentality — men who were adaptable, robust, and unconventional in their thinking and war fighting; men who could persevere against the greatest hardships and, despite an inhospitable environment and a merciless enemy, achieve mission success.

This tradition created a legacy that lives on to this day in the nation's SOF forces. It was next resurrected in the Second World War as Canadians wrote a new chapter of national SOF history. Canadian participation in the British Special Operations Executive, responsible for sabotage and subversion in Occupied Europe, was the earliest example. Canada also created the Viking Force, its own version of the famous British Commandos, as well as the Royal Canadian Navy Beach Commando "W." Also sent into action were the 1st Canadian Parachute Battalion, which boasted a 30 percent selection rate, as well as the Canadian component of the First Special Service Force, known as the "Black Devils." All contributed to a proud national record in the conduct of special operations.

avec les guerriers franco-canadiens, ont créé la tradition des Rangers incarnant le concept de personnes qui ne se conformaient pas à la mentalité et aux institutions militaires conventionnelles — des hommes robustes qui savent s'adapter et ne pensent pas et ne se battent pas de façon traditionnelle; des hommes qui peuvent persévérer face aux pires difficultés, malgré des environnements hostiles et des ennemis sans pitié pour réussir leurs missions.

Cette tradition a créé un héritage qui se perpétue encore aujourd'hui à travers les FOS du pays. Les forces d'opérations spéciales ont refait une apparition au cours de la Deuxième Guerre mondiale, alors que les Canadiens écrivaient un nouveau chapitre de l'histoire des FOS du Canada. La participation canadienne au Special Operations Executive britannique, responsable du sabotage et de la subversion dans l'Europe occupée, constitue le plus vieil exemple. Le Canada a également créé la Force Viking, sa propre version des fameux Commandos britanniques, en plus du Beach Commando « W » de la Marine royale canadienne. En outre, le 1er Bataillon de parachutistes canadiens, qui affichait un taux de sélection de 30 %, ainsi que le volet canadien de la Première Force de Service spécial, connu sous le nom de « Black Devils », ont été mis sur pied. Tous ces groupes ont contribué à un héritage en matière d'opérations spéciales dont le Canada peut être fier.

Le mandat en matière d'opérations spéciales durant la période d'après-guerre est devenu la responsabilité de la Compagnie canadienne d'opérations

The special operations mandate in the post-war era fell to the Canadian Special Air Service Company, which existed from 1948 to 1949, and then to the Canadian Airborne Regiment (Cdn AB Regt), which spanned the years 1968 to 1995. The Cdn AB Regt's mandate was to deploy into an operational theatre within 48 hours to provide "a force capable of moving quickly to meet any unexpected enemy threat or other commitment of the Canadian Armed Forces," as well as "special forces types of tasks."

In was not until the mid-1990s, however, that Canada's modern SOF capability began to truly take shape. On April 1, 1993, the Department of National Defence (DND) took over the national hostage rescue and counterterrorism responsibility when it created Joint Task Force Two (JTF 2) to replace the Royal Canadian Mounted Police Special Emergency Task Force (SERT).

The deployment of a JTF 2 special operations task force to Afghanistan in the aftermath of the September 11, 2001, terrorist attacks became a turning point for the unit, and for Canadian SOF at large. Like many of its predecessors, JTF 2 carved its reputation in combat and earned its recognition internationally as a Tier 1 SOF unit. Continued combat duty in Afghanistan from 2005 until the end of Canadian combat operations in 2011 simply reinforced its international credibility.

Importantly, in 2005, the Chief of the Defence Staff asserted that "we need an integrated Canadian Forces that consists of maritime, air, land and special forces, woven together to make a more effective military." Subsequently, he declared that he would be "bringing JTF 2, along with all the enablers that it would need, to conduct operations successfully into one organization with one commander." As a result, on February 1, 2006, the Chief of the Defence Staff created CANSOFCOM as part of his larger transformation initiative. The Command included a headquarters, JTF 2, the Canadian Joint Incident Response Unit (CJIRU), the Canadian Special Operations Regiment (CSOR), and 427 Special Operations Aviation Squadron (SOAS).

Ten years into its existence, CANSOFCOM has proven itself as an integral national asset. It has conducted operations in Canada and around the world, particularly in combat theatres and countries at risk. Throughout the past decade its members have demonstrated a high level of professionalism and expertise. Importantly, the Command has provided DND and the government of Canada with a unique capability that is unmatched elsewhere in the Canadian Armed Forces or any other government department. ⊕

spéciales aéroportées, qui a existé entre 1948 et 1949. Ensuite, cette responsabilité est passée au Régiment aéroporté du Canada, de 1968 à 1995. Le mandat du Régiment aéroporté du Canada était de déployer une équipe dans un théâtre opérationnel dans les 48 heures pour fournir une « force en mesure de rapidement faire face à toute menace inattendue ou de répondre à tout engagement pris par les Forces armées canadiennes » et à tout « type de tâches des forces spéciales. »

Ce n'est pas avant le milieu des années 90, cependant, que les FOS du Canada que nous connaissons aujourd'hui ont réellement pris forme. Le 1er avril 1993, le ministère de la Défense nationale (MDN) a pris la responsabilité nationale de la libération des otages et de la lutte contre le terrorisme lorsqu'il a créé la Force opérationnelle interarmées 2 (FOI 2) pour remplacer le Groupe spécial des interventions d'urgence (GSIU) de la Gendarmerie royale du Canada.

Le déploiement d'une force opérationnelle d'opérations spéciales de la FOI 2 en Afghanistan après les attaques terroristes du 11 septembre 2001 est devenu un point tournant pour l'unité et pour l'ensemble des FOS canadiennes. Comme un grand nombre de ses prédécesseurs, la FOI 2 a façonné sa réputation au combat et a mérité d'être reconnue sur la scène internationale à titre d'unité des FOS de premier niveau. La mission de combat continue en Afghanistan de 2005 à l'arrêt des opérations canadiennes de combat en 2011 a simplement renforcé sa crédibilité à l'échelle internationale.

Qui plus est, en 2005, le chef d'état-major de la Défense (CEMD) a affirmé que « nous avons besoin de Forces canadiennes intégrées qui se composent de forces maritimes, aériennes, terrestres et spéciales, regroupés dans le but d'accroître l'efficacité militaire. » Par la suite, il a déclaré qu'il prévoyait « regrouper la FOI 2 avec tous les facilitateurs dont elle aurait besoin pour mener avec succès des opérations au sein d'une même organisation dirigée par un seul commandant. » Par conséquent, le 1er février 2006, le chef d'état-major a créé le COMFOSCAN dans le cadre de son initiative de transformation. Le Commandement incluait le quartier général, la FOI 2, l'Unité interarmées d'intervention du Canada (UIIC), le Régiment d'opérations spéciales du Canada (ROSC) et le 427e Escadron d'opérations spéciales d'aviation (EOSA).

Dix ans après sa création, le COMFOSCAN s'est avéré un atout national intégral. Il a effectué des opérations nationales et internationales, plus particulièrement dans les théâtres de combat et des pays à risque. Au cours de la dernière décennie, ses membres ont fait preuve d'un haut niveau de professionnalisme et d'expertise. Qui plus est, le Commandement a fourni au MDN et au gouvernement du Canada une capacité unique qui demeure inégalée au sein des Forces armées canadiennes ou de tout autre ministère gouvernemental. ⊕

THE CANADIAN SPECIAL OPERATIONS FORCES COMMAND

LE COMMANDEMENT DES FORCES D'OPÉRATIONS SPÉCIALES DU CANADA

CANSOFCOM
COMFOSCAN

Headquarters
État-major

JTF 2 **CJIRU** **CSOR** **427 SOAS** **CSOTC**
FOI 2 **UIIC** **ROSC** **427 EOSA** **CEOSC**

INTRODUCTION TO CANSOFCOM

CANSOFCOM is a high-reliability organization that produces high-readiness and responsive special operations forces (SOF) that are able to provide national strategic security solutions. It delivers agile forces capable of precision effects, both direct and indirect, thereby achieving the Canadian Armed Forces' requirements and the Chief of the Defence Staff's mandate, by producing timely outcomes of high strategic value for modest cost.

CANSOFCOM contributes to national defence and security through the provision of three strategic capabilities:

1. the delivery of an effective counterterrorism response, both at home and abroad;
2. the ability to access, understand, and influence operational environments; and
3. the ability to project immediate-reaction, rapidly deployable SOF in response to emerging or immediate threats to the nation.

More specifically, CANSOFCOM is capable of undertaking the following tasks:

a. Counterterrorism:
    i. maritime special operations;
    ii. maritime counterterrorism;
    iii. opposed boarding;
b. Direct action;
c. Special recovery operations:
    i. personnel recovery operations;
    ii. hostage rescue operations;
    iii. noncombatant evacuation operations;
    iv material recovery operations;
d. Combating weapons of mass destruction:
    i. counter-proliferation;
    ii. non-proliferation;
    iii. weapons of mass destruction elimination;
e. Special protection operations:
    i. close personal protection;
    ii. special force protection;
f. Sensitive site exploitation;
g. Special reconnaissance;
h. Irregular warfare:
    i. military assistance;
    ii. stability activities;
    iii. counterinsurgency;
i. Special aerospace warfare:
    i. special operations air-land integration;
    ii. airborne reconnaissance and surveillance; and
    iii. airborne fire support.

INTRODUCTION AU COMFOSCAN

Le COMFOSCAN est une organisation à haut degré de fiabilité qui produit des forces d'opérations spéciales (FOS) très réactives et à disponibilité opérationnelle élevée en mesure de fournir des solutions stratégiques nationales en matière de sécurité. Il offre des forces agiles capables de créer des effets de précision, directs et indirects, répondant ainsi aux besoins des Forces armées canadiennes et au mandat du chef d'état-major de la Défense, en obtenant des résultats opportuns et de grande valeur sur le plan stratégique, et ce, à prix modique.

Le COMFOSCAN contribue à la défense et à la sécurité nationales par la prestation de trois capacités stratégiques :

1. intervenir de façon efficace en matière de lutte contre le terrorisme au pays et à l'étranger;
2. avoir accès aux environnements opérationnels, les comprendre et les influencer;
3. affecter des FOS à réaction immédiate et à déploiement rapide en réponse à des menaces émergentes ou immédiates envers le pays.

Plus précisément, le COMFOSCAN est en mesure d'accomplir les tâches suivantes :

a. Lutte contre le terrorisme :
    i. opérations spéciales maritimes;
    ii. lutte contre le terrorisme maritime;
    iii. arraisonnement avec opposition;

b. Action directe;

c. Opérations de récupération spéciale :
    i. récupération de personnel;
    ii. libération d'otages;
    iii. évacuation de non-combattants;
    iv. récupération de matériel;

d. Lutte contre les armes de destruction massive :
    i. contre-prolifération;
    ii. non-prolifération;
    iii. élimination des armes de destruction massive;

e. Opérations de protection spéciale :
    i. protection personnelle rapprochée;
    ii. protection de la force spéciale;

f. Exploitation de sites sensibles;

g. Reconnaissance spéciale;

h. Guerre irrégulière :
    i aide militaire;
    ii. activités de stabilité;
    iii. contre-insurrection;

i. Guerre aérospatiale spéciale :
    i. intégration air-terre des opérations spéciales;
    ii. reconnaissance et surveillance aéroportées;
    iii. appui-feu aéroporté.

La force et l'agilité du COMFOSCAN proviennent de sa structure organisationnelle horizontale, de son accès direct aux décideurs supérieurs, de son quartier général de petite taille, de son processus simplifié de distribution de l'information, de sa culture de l'excellence et de son leadership expérimenté à tous les niveaux. Le cadre de commandement et de contrôle est également essentiel à son succès. Le COMFOSCAN est commandé par un major-général qui relève directement du chef d'état-major de la Défense et qui est soutenu par son quartier général de niveaux opérationnel et stratégique, qui est en bonne partie autonome. Cela garantit la gérance à l'échelle institutionnelle et la continuité du commande-ment, tout en soutenant la planification et la mise en œuvre opérationnelles continues de tâches des FOS au pays et à l'étranger.

Le quartier général est configuré selon les lignes continentales habituelles typiques d'un commande-ment opérationnel et comprend deux directions sup-plémentaires pour répondre aux besoins découlant du statut unique du Commandement à titre d'entité apparentée à un service. Ainsi, le quartier général excelle dans l'emploi et le maintien en puissance des capacités de FOS des Forces armées canadiennes, mais également dans la gérance du développement, de la mise sur pied et de la gestion de l'entreprise des FOS canadiennes. Les partenariats de longue date entre le COMFOSCAN et les entités du MDN,

CANSOFCOM's strength and agility are derived from its flat organizational structure, direct access to senior decision-makers, small headquarters, streamlined information distribution, culture of excellence, and experienced leadership at all levels. Central to its success is its command and control framework. CANSOFCOM is commanded by a major-general who reports directly to the Chief of the Defence Staff. The Commander is supported by his strategic and operational-level headquarters, which is largely self-contained. It ensures institutional-level stewardship and command continuity, and supports ongoing operational planning and execution of SOF tasks both at home and abroad.

The headquarters is configured along standard continental lines typical of an operational command, with two additional branches to address the requirements stemming from the Command's unique status as a service-like entity. In this fashion, the headquarters not only excels at employment and sustainment of the Canadian Armed Forces' SOF capabilities, but also at stewarding the development, generation, and management of the Canadian SOF enterprise. CANSOFCOM's enduring partnerships within DND, the whole of government, and the global SOF network are also reflected within its headquarters in a robust network of liaison officers assigned to its principal allies and its inter-agency partners. CANSOFCOM is also fortunate to be directly supported by organizations within DND that enable the unique development and management functions of the headquarters.

When the Command was initially established on February 1, 2006, it began with a skeletal staff of 48 personnel. Its genesis was in the embryonic Counter-Terrorism and Special Operations (CTSO) cell, which consisted of a colonel and a dozen staff officers. The CTSO cell was the strategic interface between JTF 2 and National Defence Headquarters, and it was folded into the headquarters once the Command was stood up. The current headquarters staff numbers 183, inclusive of regular force, reserve force, and public service members.

As the contemporary security environment has evolved, so too has CANSOFCOM's headquarters. Ever adaptable and agile, the small headquarters continues to rely on the diligence and innovation of its personnel to support the units in their operational roles. It is this dynamic relationship that has allowed CANSOFCOM to overcome the challenges of continuous operations in complex and inhospitable environments in providing SOF effects that achieve national objectives. This effort was validated on September 1, 2011, when the Minister of National Defence awarded the Command with the first Minister's Award for Operational Excellence for CANSOFCOM's contribution to the war in Afghanistan   ⊕

de l'ensemble du gouvernement et du réseau mondial des FOS sont également représentés au sein du quartier général dans un solide réseau d'officiers de liaison avec ses principaux alliés, de même qu'avec ses partenaires interinstitutions. Le COMFOSCAN a également la chance d'être soutenu directement par des organisations au sein du MDN qui permettent au quartier général d'assumer ses fonctions uniques de développement et de gestion.

Quand le Commandement a été mis sur pied le 1er février 2006, il ne comptait que 48 membres. Il a été formé à partir de la cellule des opérations spéciales contre-terroristes (OSCT), qui était composée d'un colonel et d'une douzaine d'officiers d'état-major. Cette cellule constituait l'interface stratégique entre la FOI 2 et le Quartier général de la Défense nationale et elle a été intégrée au quartier général une fois le Commandement mis sur pied. L'effectif actuel du quartier général est de 183 personnes, ce qui comprend des membres de la force régulière, des réservistes et des membres de la fonction publique.

Le quartier général du COMFOSCAN a évolué au même titre que l'environnement de sécurité moderne. Toujours polyvalent et agile, ce petit quartier général continue de dépendre de la diligence et de la capacité d'innovation de ses membres pour soutenir les unités dans leurs rôles opérationnels. C'est cette relation dynamique qui a permis au COMFOSCAN de relever les défis des opérations continues dans des environnements complexes et hostiles pour offrir des effets de FOS qui réalisent les objectifs nationaux. Ces efforts ont porté fruit le 1er septembre 2011, quand le ministre de la Défense nationale a décerné le premier Prix du ministre pour excellence opérationnelle au COMFOSCAN en reconnaissance de sa contribution à la guerre en Afghanistan. ⊕

JOINT TASK FORCE TWO (JTF 2)

JTF 2 is the senior unit as well as one of two National Mission Force units within CANSOFCOM. Its mission is to protect the Canadian national interest and combat threats to Canadians at home and abroad. JTF 2 as a unit officially stood up on April 1, 1993. Prior to that, the federal responsibility for hostage rescue and counterterrorism in Canada was with the RCMP Special Emergency Response Team (SERT).

Although initially created to take on the responsibility for hostage rescue and counterterrorism, the Unit leadership envisioned a greater role for JTF 2 as part of the larger government national security apparatus. In 1994, the Chief of the Defence Staff approved the Unit's enlargement and increased capacity; the following year, JTF 2 began to establish a national maritime counterterrorism capability. It also began to deploy small teams around the globe to such locations as Haiti, the Former Yugoslavia, north-west and Central Africa, and Lebanon to undertake a number of SOF tasks.

Although JTF 2 evolved and matured its capabilities throughout the 1990s, its true turning point came in the aftermath of the terrorist attacks of 9/11. In support of the U.S. Operation Enduring Freedom, the Unit deployed a special operations task force (SOTF) under the operational control of the American Combined Joint Special Operations Task Force (CJSOTF). This deployment was part of a series of significant changes for JTF 2. Political and military decision-makers fully recognized the Unit's strategic relevance, and as a result the government committed $120 million over five years for its expansion, which included an increase in manpower and infrastructure, as well as the procurement of new equipment and technologies.

The JTF 2–based SOTF was deployed in the Afghan theatre of operations from December 2001 to November 2002. During this period, the Unit was completely integrated into the CJSOTF to conduct numerous combat operations, earning a reputation as a

LA FORCE OPÉRATIONNELLE INTERARMÉES DEUX (FOI 2)

La FOI 2 est la plus ancienne unité et une des deux unités de la Force des missions nationales au sein du COMFOSCAN. Sa mission est de protéger les intérêts canadiens et de lutter contre les menaces pour les Canadiens dans le pays et à l'étranger. La FOI 2 existe officiellement à titre d'unité depuis le 1er avril 1993. Avant cette date, la responsabilité fédérale du sauvetage des otages et de la lutte contre le terrorisme au Canada revenait au Groupe spécial des interventions d'urgence (GSIU) de la GRC.

Bien qu'à l'origine la FOI 2 ait été créée dans le but d'absorber la responsabilité du sauvetage des otages et de la lutte contre le terrorisme, la direction de l'unité envisageait déjà un rôle plus important pour la FOI 2, dans le cadre d'un plus grand appareil de sécurité national. En 1994, le chef d'état-major de la Défense a approuvé l'élargissement de la taille et de la capacité de l'unité et l'année suivante, la FOI 2 a commencé à établir une capacité nationale de contre-terrorisme maritime. Elle a également commencé à déployer des petites équipes partout dans le monde, y compris en Haïti, en ex-Yougoslavie, au nord-ouest et au centre de l'Afrique et au Liban pour effectuer une série de tâches pour les FOS.

world-class SOF capability. On December 7, 2004, the President of the United States awarded the JTF 2 component of the coalition Task Force K-Bar a Secretary of the Navy, Presidential Unit Citation.

JTF 2 redeployed to Afghanistan as part of Operation Enduring Freedom in 2005, due to a request from the Americans, who publicly stated that "Canada's elite Tier 1 JTF 2 is as capable as any Tier 1 Special Forces in the world [and it] makes a significant contribution whenever deployed." The Unit remained actively engaged in Afghanistan from 2005 until the end of Canadian combat operations in 2011.

Since the Canadian withdrawal from Afghanistan, JTF 2 has been extremely busy across the globe providing the Command, the Chief of the Defence Staff, and the government of Canada with precision SOF effects in support of the national interest. The Unit's participation in the Coalition fight against the Islamic State in Iraq is but one of its many recent activities.

Notwithstanding its expeditionary record of excellence, throughout its existence, JTF 2 has maintained its domestic counterterrorism responsibility as part of the national security apparatus. Even while committed on expeditionary tasks, the domestic environment has remained its number one priority, as witnessed through numerous domestic operations and engagements with security partners throughout the Unit's existence. ⊕

Bien que la FOI 2 ait évolué et ait amélioré ses capacités au cours des années 90, le véritable tournant a eu lieu après les attaques terroristes du 11 septembre 2001. À l'appui de l'opération Enduring Freedom des États-Unis, l'unité a déployé une force opérationnelle d'opérations spéciales (FOOS) sous le contrôle opérationnel du Groupe américain inter-armées multinational pour les opérations spéciales (CJSOTF). Le déploiement s'est fait dans le cadre d'une série d'importants changements pour la FOI 2. Les décideurs politiques et militaires reconnaissent amplement la pertinence stratégique de l'unité. C'est pourquoi le gouvernement s'est engagé à investir 120 millions de dollars sur cinq ans pour élargir la portée de l'unité, ce qui comprend augmenter le nombre de membres, améliorer l'infrastructure ainsi que se procurer du nouvel équipement et utiliser de nouvelles technologies.

La FOOS de la FOI 2 a été déployée dans le théâtre des opérations afghan de décembre 2001 à novembre 2002. Au cours de cette période, l'unité s'est entièrement intégrée au CJSOTF en vue d'effectuer des opérations de combat, ce qui lui a valu sa réputation à titre de FOS de classe mondiale. Le 7 décembre 2004, le président des États-Unis a remis à l'élément de la FOI 2 de la Force opérationnelle de coalition K-Bar la Secretary of the Navy, Presidential Unit Citation.

La FOI 2 a été redéployée en Afghanistan dans le cadre de l'opération Enduring Freedom en 2005, en réponse à la demande des Américains, qui ont publiquement déclaré que la FOI 2 de premier niveau du Canada est tout aussi compétente que toutes autres forces spéciales de premier niveau dans le monde et qu'elle apporte une contribution importante chaque fois qu'elle est déployée. L'unité est demeurée très présente en Afghanistan après 2005, et ce, jusqu'à la fin des opérations de combat canadiennes en 2011.

Depuis que les troupes canadiennes se sont retirées de l'Afghanistan, la FOI 2 s'affaire partout dans le monde et elle offre au commandement, au chef d'état-major de la Défense et au gouvernement du Canada des effets de FOS de précision à l'appui des intérêts nationaux. La participation de l'unité à la coalition de lutte contre l'État islamique en Irak n'est qu'une de ses récentes activités.

Nonobstant son bilan d'excellence en matière expéditionnaire, au cours de son existence, la FOI 2 a su respecter son mandat de lutte contre le terrorisme national au sein de l'appareil de sécurité national. Bien qu'elle se soit engagée à accomplir ses tâches expéditionnaires, cela ne l'a pas empêchée de faire du contexte national la plus importante priorité, comme en témoignent les nombreuses opérations nationales et les engagements pris envers les partenaires en matière de sécurité tout au long de l'existence de l'unité. ⊕

THE CANADIAN JOINT INCIDENT RESPONSE UNIT (CJIRU)

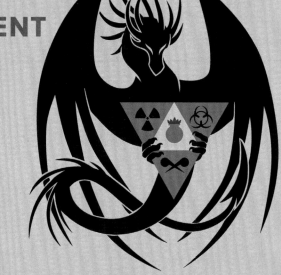

The Joint Nuclear, Biological and Chemical Defence Company (JNBCD Coy) was created on April 22, 2002, as a specialist CBRN unit in the wake of 9/11. When CANSOFCOM was stood up in 2006, JNBCD Coy was placed under command of CANSOFCOM as an integral unit. By July 2007, a cadre was selected from JNBCD Coy to create the redesignated and expanded CJIRU, which is an SOF CBRN unit and the second of two national mission force units within CANSOFCOM.

CJIRU's mission is to provide timely, agile, and specialized chemical, biological, radiological, and nuclear (CBRN) support to the government of Canada in order to prevent, control, and mitigate CBRN threats to Canada, Canadians, and Canadian interests. The Unit is a core member of the National Chemical, Biological, Radiological, Nuclear and Explosives (CBRNE) Response Team, and is also responsible for counterterrorism, special reconnaissance, and counterproliferation. The Unit has three key mandates:

a. respond to CBRN events as an element of the National CBRNE Response Team;
b. provide an agile, integral part of the CANSOFCOM Immediate Response Task Force (IRTF); and
c. provide specialized support to Canadian Armed Forces expeditionary operations.

Interestingly, CJIRU hails from a long line of CBRN units that harken back to the first use of large-scale chemical warfare on April 22, 1915. Since that time, Canada has been a leader in CBRN defence. Although the Canadian Army and Defence Research and Development Canada (DRDC) have maintained a focus on CBRN since the First World War, 1 Radiation Detection Unit (1 RDU) was the nation's first nuclear, biological and chemical defence (NBCD) specialist unit. Formed in March 1950, 1 RDU pioneered the development of many contemporary CBRN capabilities alongside Canada's allies. Over a decade of operations, 1 RDU conducted domestic response in places such as

L'UNITÉ INTERARMÉES D'INTERVENTION DU CANADA (UIIC)

La Compagnie de défense nucléaire, biologique et chimique interarmées (Cie DNBCI) a été créée le 22 avril 2002 à titre d'unité chimique, biologique, radiologique et nucléaire (CBRN) spécialisée à la suite des événements du 11 septembre 2001. Lorsque le COMFOSCAN a été établi en 2006, la Cie DNBCI a été placée sous le commandement du COMFOSCAN à titre d'unité intégrée. En juillet 2007, on a choisi un cadre de la Cie DNBCI pour créer la nouvellement rebaptisée et élargie UIIC, laquelle s'avère une unité CBRN des SOF et la seconde de deux unités de la force des missions nationales au sein du COMFOSCAN.

La mission de l'UIIC est de fournir un soutien à la fois opportun, agile et spécialisé en matière de CBRN au gouvernement du Canada en vue d'empêcher, de contrôler et d'atténuer les menaces CBRN pour le Canada, les Canadiens et les intérêts canadiens. L'unité est un des membres principaux de l'Équipe nationale d'intervention en cas d'incident chimique, biologique, radiologique, nucléaire ou explosif (CBRNE) et est responsable de la lutte contre le terrorisme, la reconnaissance spéciale et la lutte contre la prolifération. L'unité a trois principaux mandats:

a. intervenir lors d'incidents CBRN à titre d'élément de l'Équipe nationale d'intervention CBRNE;

b. fournir une partie intégrante agile de la Force opérationnelle de réponse immédiate (FORI) du COMFOSCAN;

c. fournir un soutien spécialisé aux opérations expéditionnaires des Forces armées canadiennes.

Fait intéressant, l'UIIC provient d'une longue lignée d'unités de CBRN qui remontent à la première attaque chimique à grande échelle, le 22 avril 1915. Depuis ce temps, le Canada est devenu un chef de file en matière de défense CBRN. Bien que l'Armée canadienne et Recherche et développement pour la défense Canada (RDDC) aient mis l'accent sur les incidents CBRN depuis la Première Guerre mondiale, la 1re Unité de détection des radiations (1 UDR) a été la première unité spécialisée en matière de défense nucléaire, biologique et chimique (DNBC). Créée en mars 1950, la 1 UDR a tracé la voie en matière de développement de bon nombre de capacités CBRN contemporaines aux côtés des alliés du Canada. En une décennie d'opérations, la 1 UDR a effectué des interventions au niveau national à des endroits comme Chalk River en plus de prendre part à des essais d'armes nucléaires avec les États-Unis et le Royaume-Uni.

En 1960, la 1 UDR était réduite à des effectifs nuls et son personnel a été envoyé à l'École de guerre nucléaire, biologique et chimique interarmées (EGNBCI), laquelle a été établie à Borden en Ontario, en 1949.

Chalk River and participated in atomic weapons testing with the United States and the United Kingdom.

By 1960, 1 RDU was reduced to nil strength and its personnel were passed to the Joint Atomic, Biological and Chemical Warfare School (JABCWS), which had been established in Borden, Ontario, in 1949. In 1966, it was redesignated the Canadian Forces Nuclear, Biological and Chemical School (CFNBCS). Its instructor cadre represented the only NBC specialists in Canada. In 1976, the CFNBCS began its relationship with the RCMP when it attached a small group of NBC instructors to the RCMP Explosive Ordinance Disposal (EOD) section as part of an integrated response team for the Olympic Games in Montreal. The working relationship continued after the games.

Through the 1990s, the RCMP Explosives Disposal and Technology Section (EDTS) assumed the national responsibility for CBRN, and a First Responder Training Program was created in close co-operation between the RCMP, CFNBCS, and DRDC scientists. The terrorist attacks on 9/11 galvanized government concern, and in response the government called for an increased national CBRN capacity. As a result, the JNBCD Coy was formed from a cadre of instructors from the CFNBCS to complement the RCMP national response capability. Specifically, it was to establish a stand-alone CBRN Response Team to form the Canadian Armed Forces component of the National CBRNE Response Team with the RCMP and the Public Health Agency of Canada. In December 2003, the National CBRNE Response Team was declared operationally ready. The following year, the JNBCD Coy began providing CBRN support to JTF 2, and it was integrated into the IRTF shortly after. In 2006, it was no surprise when the JNBCD Coy was integrated into the newly created CANSOFCOM.

By July 2007, when it was redesignated CJIRU, the Unit had adopted a selection process and developed a rigorous training program based on a firm educational foundation to ensure that the operators and their skill sets were of the highest possible quality. In 2010, the complexity of the skills and the need for effective stewardship of the operators prompted CJIRU to develop a unique CBRN military occupation for the Canadian Armed Forces. The Unit continues to evolve within the ever-increasing complexity of the contemporary security environment. CJIRU has deployed domestically and internationally, and continues to earn its place as a leader in its field and a member highly valued by both its interagency partners and international allies. ⊕

En 1966, elle a été renommée l'École de défense nucléaire, biologique et chimique des Forces canadiennes (EDNBCFC). Ses instructeurs représentaient les seuls spécialistes NBC au Canada. En 1976, l'EDNBCFC a établi une relation de travail avec la GRC en envoyant une petite équipe d'instructeurs NBC à la section de Neutralisation des explosifs et munitions (NEM) pour faire partie d'une équipe d'intervention intégrée en vue des Jeux olympiques à Montréal. La relation de travail s'est poursuivie après les jeux.

Au cours des années 90, la Section de l'enlèvement et de la technologie des explosifs de la GRC était responsable de la menace CBRN. Un Programme de formation des premiers intervenants a été mis sur pied en étroite collaboration avec la GRC, l'EDNBCFC et les scientifiques de RDDC. Les attaques terroristes du 11 septembre 2001 ont ajouté aux préoccupations du gouvernement et en réponse, ce dernier a

entrepris d'améliorer sa capacité CBRN nationale. Il a établi la Cie DNBCI par l'entremise d'instructeurs de l'EDNBCFC afin de complémenter la capacité d'intervention nationale de la GRC. Plus précisément, le but était d'établir une équipe d'intervention CBRN indépendante qui formerait l'élément des Forces armées canadiennes de l'Équipe nationale d'intervention CBRNE avec la GRC et l'Agence de la santé publique du Canada. En décembre 2003, l'Équipe nationale d'intervention CBRNE a été déclarée opérationnelle. L'année suivante, la Cie DNBCI a commencé à appuyer la FOI 2 en matière d'incidents CBRN et a été intégrée à la Force opérationnelle d'intervention immédiate peu de temps après. Personne n'a été surpris lorsqu'en 2006, la Cie DNBCI a été intégrée au nouveau COMFOSCAN.

En juillet 2007, lorsqu'elle est devenue l'UIIC, l'unité a adopté un processus de sélection et a établi un programme d'entraînement rigoureux se basant sur une formation élémentaire solide afin de s'assurer que les opérateurs soient les plus qualifiés possible. En 2010, la complexité des compétences et le besoin d'une gérance efficace des opérateurs a mené l'UIIC à établir un groupe professionnel militaire unique en matière de CBRN pour les Forces armées canadiennes. L'UIIC continue d'évoluer dans un environnement de sécurité de plus en plus complexe. Elle a déployé ses membres au niveau national et international et continue de prouver qu'elle est un chef de file mondial en matière de CBRN, un membre tenu en haute estime par ses partenaires interorganismes et ses alliés internationaux. ◈

THE CANADIAN SPECIAL OPERATIONS REGIMENT (CSOR)

AUDEAMUS

CSOR officially stood up on August 13, 2006, as a direct result of the transformation of the Canadian Armed Forces and the realization that a "relevant, responsive and effective CANSOFCOM" meant the addition of an agile, robust SOF unit capable of supporting other CANSOFCOM units, or conducting a broad range of domestic and expeditionary special operations missions on its own. General Rick Hillier, the serving Chief of the Defence Staff at the time, explained, "What we needed was a complete special operations team that works closely together and can interoperate seamlessly, as opposed to being put together on an ad hoc basis." He declared, "That's exactly what CSOR will do — provide the missing assets in our special operations team and the capabilities that we simply didn't have before."

In that capacity, CSOR is a Special Forces (SF) unit with the capabilities and responsiveness needed to operate in austere and hostile environments throughout the spectrum of conflict. It is optimized to be a kinetic force with the agility necessary to conduct and support a broad range of special operations missions. The Regiment is built upon the SF operator, a SOF generalist who pursues mastery of Special Warfare, Special Reconnaissance, and Direct Action. Importantly, CSOR provides the government of Canada with a robust, flexible, high-readiness expeditionary force that can be deployed abroad or in defence of Canada.

CSOR traces its roots back to the legendary "Black Devils," or, as they are more commonly known, the Canadian/American First Special Service Force (FSSF) of Second World War fame. For this reason, CSOR proudly perpetuates the FSSF ethos and carries their battle honours.

Nonetheless, the character and role of CSOR have evolved over the past decade. Persistent global conflict has created a security environment in which SOF

LE RÉGIMENT D'OPÉRATIONS SPÉCIALES DU CANADA (ROSC)

Le ROSC a officiellement été mis sur pied le 13 août 2006, à la suite de la transformation des Forces armées canadiennes et de la réalisation que, pour que le COMFOSCAN soit « pertinent, adapté et efficace », il fallait y inclure une unité des FOS souple et robuste capable d'appuyer d'autres unités du COMFOSCAN ou d'effectuer une vaste gamme de missions opérationnelles spéciales nationales et expéditionnaires par elle-même. Selon le général Rick Hillier, chef d'état-major de la Défense en service à cette époque : « Ce dont nous avions besoin était une équipe des opérations spéciales complète qui travaille en étroite collaboration et qui est en mesure d'interagir de façon harmonieuse, plutôt que d'être assemblée de façon ponctuelle. Voilà exactement ce que le ROSC accomplira; il fournira des ressources manquantes à notre équipe des opérations spéciales ainsi que des capacités que nous ne possédions pas avant. »

Le ROSC est donc une unité des Forces spéciales (FS) ayant les compétences et la capacité de réaction requises pour opérer dans des environnements austères et hostiles dans toute la gamme des conflits. L'unité est optimisée pour être une force cinétique

are in short supply but in high demand. As a result, CSOR found itself already providing a special operations company for duty in Afghanistan less than four months after the graduation of the first class of SF operators. Since that time, CSOR has been involved non-stop in international operations across the globe.

Afghanistan provided the crucible for the newly minted SOF Unit. CSOR personnel initially supported CANSOFCOM missions, developing and honing their individual and collective skills. This progressed into carrying out mobility patrols and developing the Unit's niche in Special Warfare, working "by, with and through" indigenous Afghan forces. During the war, CSOR personnel undertook training and mentoring of Afghan National Security Forces. Specifically, they mentored Afghan Special Forces Commandos, Afghan National Army "Toofan" (Storm Troopers), and the Afghan National Police Provincial Response Team – Kandahar. All went on to distinguish themselves in combat against armed insurgent groups.

Since its formation, CSOR has also been heavily involved in SOF training and operations at home in Canada, in the Caribbean, Central and South America, across a number of African nations in the trans-Sahel and North African regions, and most recently with the current mission working with Kurdish forces in northern Iraq against the Islamic State.

While still young, CSOR has embodied its motto: *Audeamus* — Let us dare.

suffisamment souple pour effectuer et soutenir une vaste gamme de missions opérationnelles spéciales. Le Régiment est conçu en fonction de l'opérateur des FS, soit un généraliste des FOS qui se spécialise dans la guerre spéciale, la reconnaissance spéciale et l'action directe. De façon plus importante, le ROSC fournit au gouvernement du Canada une force expéditionnaire robuste, souple et à haut niveau de disponibilité opérationnelle, qui peut être déployée à l'étranger ou pour défendre le Canada.

On retrace l'origine du ROSC aux légendaires « Black Devils » ou, comme on les appelle couramment, la Première Force de Service spécial (PFSS) canado-américaine, qui a fait sa réputation durant la Deuxième Guerre mondiale. Ainsi, le ROSC perpétue l'éthos de la PFSS et porte fièrement leurs honneurs de guerre.

Néanmoins, les composantes et le rôle du ROSC ont évolué au cours de la dernière décennie. Les conflits mondiaux persistants ont créé un environnement de sécurité dans lequel les membres des FOS sont en grande demande, mais ne sont pas suffisamment nombreux. Par conséquent, le ROSC s'est trouvé à fournir les services d'une compagnie d'opérations spéciales pour une période de service en Afghanistan moins de quatre mois après la fin de l'instruction de la première classe d'opérateurs des FS. Depuis, le ROSC a continuellement pris part à des opérations internationales à l'échelle mondiale.

C'est en Afghanistan que cette nouvelle unité des FOS a pu être forgée. Les membres du ROSC ont d'abord appuyé les missions du COMFOSCAN, acquérant et perfectionnant leurs compétences individuelles et collectives. Ils ont ensuite effectué des patrouilles de mobilité et ont développé leur créneau dans le domaine de la guerre spéciale, en opérant par l'entremise de forces afghanes indigènes ou en collaboration avec ces forces. Pendant la guerre, les membres du ROSC ont entrepris l'instruction et le mentorat des forces de sécurité nationales afghanes. Tout particulièrement, ils ont encadré des commandos des forces spéciales afghanes, des « toofan » de l'armée nationale afghane (combattants d'unité de choc) ainsi que les membres de l'équipe d'intervention provinciale de la police nationale afghane à Kandahar. Toutes ces personnes se sont ensuite distinguées au combat contre les groupes d'insurgés armés.

Depuis sa formation, le ROSC a également participé de façon très active à l'instruction et aux opérations des FOS ici au Canada, dans les Caraïbes, en Amérique centrale et en Amérique du Sud, dans diverses nations africaines dans la région Trans-Sahel et dans celle de l'Afrique du Nord, ainsi que, plus récemment, dans le cadre de notre mission actuelle aux côtés des forces kurdes dans le nord de l'Irak contre le groupe État islamique.

Bien que jeune comme unité, le ROSC représente bien sa devise : *Audeamus* – « Nous osons ».

427 SPECIAL OPERATIONS AVIATION SQUADRON (427 SOAS)

Upon the creation of CANSOFCOM, 427 Tactical Helicopter Squadron (THS), a pre-existing RCAF aviation unit with two tactical and one special operations aviation (SOA) flying flights, was redesignated 427 Special Operations Aviation Squadron (SOAS) and fully embedded as an integral element within CANSOFCOM. Its mission is to provide dedicated special operations aviation effects as part of high-readiness special operations task forces (SOTFs) for domestic and international operations. The Squadron also has a secondary role of furnishing tactical and administrative/utility aviation for domestic contingencies, which includes support to secondary search and rescue.

Despite its full integration within CANSOFCOM in 2006, aviation support to special operations has a relatively long and distinguished history in Canada. These initial SOA capabilities date to the late 1980s, when primarily 427 Squadron, with its CH-135 "Twin Huey," began providing ad hoc aviation support to the RCMP SERT based in Ottawa at Dwyer Hill Training Centre. From its inception, however, this non-dedicated, non-integral relationship was deemed problematic, and key stakeholders petitioned the Canadian Armed Forces to formally allocate aviation forces to this emerging mission set.

In the summer of 1990, as a direct result of these requests, the Canadian Armed Forces formed a SERT Assault Helicopter (SAH) Flight at 450 Squadron in Ottawa, made up of three CH-135 "Twin Huey" helicopters and aircrew primarily drawn from the 427 members who had been flying with SERT. This newly designated sub-unit operated in conjunction with the RCMP until 1993, at which time SERT's responsibilities were transferred to JTF 2. With this transfer, SAH Flight began providing special operations aviation support to JTF 2.

This symbiotic relationship continued as the Flight grew to six helicopters and their associated personnel, and through two subsequent moves. The first move occurred in the summer of 1994, when SAH Flight moved from Ottawa to Montreal; the second move was the transfer to Garrison Petawawa in the summer of 1996, which was conducted in conjunction with the transition

LE 427ᵉ ESCADRON D'OPÉRATIONS SPÉCIALES D'AVIATION (427 EOSA)

À la création du COMFOSCAN, le 427ᵉ Escadron tactique d'hélicoptères (Esc Tac Hél), une unité de l'ARC qui comptait deux escadrilles d'hélicoptères tactiques et une escadrille d'opérations spéciales d'aviation (OSA), a été redésigné 427ᵉ Escadron d'opérations spéciales d'aviation (EOSA) et intégré pleinement au COMFOSCAN. Sa mission est de fournir des effets d'opérations spéciales d'aviation au sein de forces opérationnelles spéciales (FOS) à disponibilité opérationnelle élevée dans le cadre d'opérations nationales et internationales. L'Escadron a également le rôle secondaire de fournir des services d'aviation tactique et administrative/utilitaire dans le cas de contingences nationales, ce qui comprend le soutien aux activités de recherche et de sauvetage secondaires.

Bien qu'il ait été intégré complètement au COMFOSCAN en 2006, le soutien de l'aviation aux opérations spéciales canadiennes a une histoire relativement longue et distinguée. Ces capacités initiales d'OSA ont vu le jour vers la fin des années 1980 alors que le 427ᵉ Escadron, principalement, a commencé à offrir du soutien en aviation spécial au GSIU de la GRC, basé au Centre d'entraînement de Dwyer Hill d'Ottawa, à l'aide de ses CH-135 Twin Huey. Dès le début, cette relation non réservée et non intégrée était considérée comme problématique et les principaux intervenants ont demandé aux Forces armées canadiennes d'affecter officiellement des forces aériennes à ces missions émergentes.

À l'été 1990, à la suite de ces demandes, les Forces armées canadiennes ont formé une escadrille d'hélicoptères d'assaut du GSIU (HAG) au 450ᵉ Escadron à Ottawa. Celle-ci était composée de trois CH-135 Twin Huey et d'équipages aériens provenant principalement des membres du 427ᵉ qui avaient volé avec le GSIU jusque là. Cette nouvelle sous-unité a opéré en conjonction avec la GRC jusqu'en 1993, où les responsabilités du GSIU ont été transférées à la FOI 2. À la suite de ce transfert, l'escadrille HAG a commencé à fournir du soutien en matière d'opérations spéciales d'aviation à la FOI 2.

Cette relation symbiotique s'est poursuivie lorsque l'escadrille est passée à six hélicoptères, qui nécessitaient leurs propres membres du personnel, et est déménagée à deux reprises. Le premier déménagement a eu lieu à l'été 1994, quand l'escadrille HAG a quitté Ottawa pour Montréal, et le second, vers la garnison Petawawa, s'est déroulé à l'été 1996 et a coïncidé avec le passage du CH-135 Twin Huey au CH-146 Griffon. Ce dernier déménagement

from the CH-135 "Twin Huey" to the CH-146 Griffon. This last move included a redesignation of SAH Flight to a special operations aviation flight, and embedded it within the pre-existing 427 THS.

By 1997, SOA Flight, or "B" Flight personnel, within a new command and control relationship in the Deputy Chief of the Defence Staff group, continued to develop and expand the flight's capabilities to keep in sync with the maturation of JTF 2. As a result, "B" Flight, in conjunction with JTF 2, pushed the envelope on urban operations and began to operate within a maritime special operations environment, developing a precision maritime counterterrorism capability.

When 427 THS was redesignated 427 SOAS in February 2006, "B" Flight remained the dedicated specialist organization primarily responsible for supporting JTF 2 in domestic counterterrorism. Meanwhile, the newly formed "A" Flight began developing an SOA capability, focused primarily on international operations geared toward the Afghan Theatre of Operations. Due to these very specific and demanding operational requirements, the Squadron was eventually forced into a paradigm shift that saw it innovating and adapting to develop a significant expeditionary lift capability. By 2010, and continuing throughout the end of Canadian combat operations in Afghanistan, 427 SOAS aircrew flew full-spectrum combat operations on Mi-17 V5 HIP helicopters in direct support of the CANSOFCOM SOTF in theatre.

Today, the Squadron and its two "Sabre" flights share domestic and international counterterrorism roles within the urban, rural, maritime, and land environments. Its highly trained aircrew and support staff, coupled with state-of-the-art equipment and advanced tactics, techniques, and procedures, make 427 SOAS an integral component of the Command. They are a key element in providing the Canadian Armed Forces and the government of Canada with SOF effects. ⊕

comprenait un changement de désignation d'une escadrille HAG à une escadrille d'opérations spéciales d'aviation et l'intégrait au 427 Esc Tac Hél.

En 1997, les membres de l'escadrille d'opérations spéciales d'aviation, ou d'escadrille B, au sein d'une nouvelle structure de commandement et de contrôle dans le groupe du sous-chef d'état-major de la défense, continuaient à se perfectionner et à étendre leurs capacités pour suivre la croissance de la FOI 2. L'escadrille B, en conjonction avec la FOI 2, a donc repoussé les limites des opérations urbaines et a commencé à opérer dans un environnement d'opérations spéciales maritimes, établissant ainsi une capacité de lutte contre le terrorisme en milieu maritime de précision.

Quand le 427 Esc Tac Hél est devenu le 427 EOSA en février 2006, l'escadrille B est demeurée l'organisation spécialisée chargée principalement de soutenir la FOI 2 dans son rôle de lutte contre le terrorisme au pays, alors que l'escadrille A, nouvellement formée, a commencé à acquérir une capacité d'opérations spéciales d'aviation se concentrant principalement sur les opérations internationales axées sur le théâtre d'opérations d'Afghanistan. Ces besoins opérationnels très précis et très exigeants ont fini par pousser l'Escadron à changer de paradigme. Grâce à ses capacités d'innovation et d'adaptation, il a pu mettre en place une capacité de transport expéditionnaire plus importante. En 2010, et jusqu'à la fin des opérations de combat canadiennes en Afghanistan, les équipages aériens du 427 EOSA ont mené des opérations de combat dans l'ensemble du spectre à l'aide d'hélicoptères Mi-17 V5 HIP en soutien direct à la FOS du COMFOSCAN en théâtre.

Aujourd'hui, l'Escadron et ses deux escadrilles Sabre partagent leurs rôles de lutte contre le terrorisme au pays et à l'étranger dans les environnements urbain, rural, maritime et terrestre. Ses équipages aériens et ses responsables du soutien bien entraînés, ainsi que son matériel à la fine pointe de la technologie et ses tactiques, techniques et procédures avancées, font du 427 EOSA une composante intégrale du Commandement. Il est un facteur habilitant essentiel pour la prestation d'effets de FOS aux Forces armées canadiennes et au gouvernement du Canada.

THE CANADIAN SPECIAL OPERATIONS TRAINING CENTRE (CSOTC)

The CSOTC is the most recent unit to stand up in CANSOFCOM, having been created in 2012. Its mission is to educate, train, and develop CANSOFCOM personnel to support the Command's operational outputs. Notably, its continual evolution has given it many attributes of an actual Canadian special operations forces (CANSOF) warfare centre. The concept of a specialized training centre was embedded in the Command's original concept of operations in 2006, but was not put into effect while combat operations were still ongoing in Afghanistan.

The foundation of SOF operational capability is the human platform, and is emphasized through cognitive strength allowing for critical thinking, innovation, adaptation, and problem-solving within the context of a broad spectrum of conflict. This training and education allow SOF personnel to develop and employ specific skills during mission execution, contextualize the operational and strategic effects achieved by their missions, and rapidly operationalize new equipment and technologies.

The CSOTC was created with a small cadre of experienced CANSOFCOM personnel. At first it focused on a handful of courses designed to provide a common entry point for Command support personnel, as well as some specific technical skills training. The CSOTC continues to expand its individual courseware offerings in a progressive manner while absorbing additional institutional responsibilities such as recruiting, lessons learned, human performance, and individual training authorities. In this way, the centre integrates lessons learned across the Command, simulation, skills requirements, and cultural values into courseware in order to maximize operational effectiveness.

More precisely, the CSOTC provides the governance for all individual training, including training safety, conducted within the Command. In this role it is responsible for supervising and monitoring all individual training across CANSOFCOM while conducting all CANSOFCOM common individual training. The CSOTC achieves its institutional responsibilities through a unique blend of experienced CANSOFCOM operators and specialists with Canadian Armed Forces personnel in key roles. In 2016, a Professional Development Centre came under the framework of the CSOTC, giving it an academic engine capable of delivering university-level education, research, and publications. ⊕

LE CENTRE D'ENTRAÎNEMENT DES OPÉRATIONS SPÉCIALES DU CANADA (CEOSC)

Le CEOSC est la plus récente unité du COMFOSCAN et a été créé en 2012. Sa mission est d'instruire et d'entraîner le personnel du COMFOSCAN en vue d'appuyer les réalisations opérationnelles du commandement. Notamment, son évolution constante rappelle les caractéristiques d'un réel centre de guerre des forces d'opérations spéciales du Canada (FOSCAN). Le concept d'un centre d'entraînement spécialisé a été intégré au concept d'opérations original en 2006, mais n'a pas été réalisé en raison des opérations de combat en cours en Afghanistan.

La fondation des capacités opérationnelles des FOS repose sur son personnel et est souligné par les capacités cognitives permettant l'innovation, l'adaptation et la résolution de problèmes dans le contexte du large spectre des conflits. L'entraînement permet au personnel des FOS de développer et d'utiliser des compétences spécifiques lors de missions, de contextualiser les effets opérationnels et stratégiques atteint dans le cadre de leurs missions et d'opérationnaliser rapidement le nouvel équipement et les nouvelles technologies.

Le CEOSC a été créé avec l'aide d'un petit groupe de membres du personnel du COMFOSCAN. Il était axé sur un certain nombre de cours conçus pour fournir un point d'accès commun au personnel de

soutien du commandement, ainsi qu'une formation spécifique à certaines compétences techniques. Le CEOSC continue d'augmenter le nombre de cours individuels de façon progressive tout en s'acquittant d'autres responsabilités institutionnelles comme le recrutement, les leçons retenues, le rendement du personnel et les autorités individuelles d'instruction. Par conséquent, le centre inclut dans le contenu des cours les leçons apprises dans l'ensemble du commandement, des activités de simulation, les compétences requises et les valeurs culturelles, en vue de maximiser l'efficacité opérationnelle.

Plus précisément, le CEOSC établit le cadre de gouvernance pour tout l'entraînement individuel effectué au sein du commandement, y compris la sécurité à l'entraînement. Par conséquent, le centre est tenu de superviser et de surveiller tout l'entraînement individuel du COMFOSCAN tout en effectuant toutes les activités communes d'instruction individuelle. Le CEOSC s'acquitte de ses responsabilités institutionnelles grâce à un mélange unique d'opérateurs d'expérience du COMFOSCAN et de spécialistes des Forces armées canadiennes occupant des rôles clés. En 2016, un Centre de perfectionnement professionnel a été créé dans le cadre du CEOSC, lui donnant les ressources pédagogiques nécessaires pour offrir une éducation, des activités de recherche et des publications de niveau universitaire.   ⊕

THE EVOLUTION OF THE CANADIAN SPECIAL OPERATIONS FORCES COMMAND: A PICTORIAL HISTORY

L'ÉVOLUTION DU COMMANDEMENT DES FORCES D'OPÉRATIONS SPÉCIALES DU CANADA : SON HISTOIRE ILLUSTRÉE

THE EARLY YEARS

JTF 2

1993–2006

LES PREMIÈRES ANNÉES

FOI 2

de 1993 à 2006

Training the first team, Dwyer Hill, winter 1993

Entraînement de la première équipe, Dwyer Hill, hiver 1993

▼ Snipers training with a B Flight CH-146
Des tireurs d'élite s'entraînent à partir d'un CH-146 d'escadrille B

◀ Hostage rescue training
Instruction sur la libération d'otages

▶ **Hostage rescue training**
Instruction sur la libération d'otages

◀ **Urban sniper training**
Instruction de tireur d'élite en zone
urbaine

◥ Ambush training at Dwyer Hill Training Centre
Instruction sur les embuscades au Centre d'entraînement de Dwyer Hill

▼ Fast rope insertion training while covered by snipers
Instruction sur l'insertion par descente rapide tout en étant couvert par des tireurs d'élite

▼ Insertion by CH-146 during a hostage rescue exercise
Insertion par CH-146 durant un exercice de libération d'otages

◀ Fast rope insertion onto a ship
Insertion par descente rapide à bord d'un navire

Aircraft assault training for hostage rescue operations
Instruction sur les assauts à bord d'aéronefs – opérations de libération d'otages

▼ Ship boarding practice
Exercice d'arraisonnement

▶ Operators moving to assault positions
after a dive insertion
Des opérateurs se placent en position
d'assaut après une insertion par plongée

◀ Hostage rescue training on an aircraft
Instruction sur la libération d'otages à bord
d'un aéronef

Operators providing close protection to Major-General Guy Tousignant in Rwanda
Des opérateurs assurent la protection rapprochée du major-général Guy Tousignant au Rwanda

Close protection team with Lieutenant-General Maurice Baril in Zaire (now DRC), 1996
Équipe de protection rapprochée aux côtés du lieutenant-général Maurice Baril au Zaïre (maintenant la RDC), 1996

Practising ship boarding on a Royal Canadian Navy ship
Exercice d'arraisonnement à bord d'un navire de la Marine royale du Canada

◀ Operators providing close protection to the Canadian
Ambassador in Haiti
Des opérateurs assurent la protection rapprochée de
l'ambassadeur canadien en Haïti

◀ Close protection team with Lieutenant-General Maurice Baril
in Zaire (now DRC), 1996
Équipe de protection rapprochée aux côtés du lieutenant-
général Maurice Baril au Zaïre (maintenant la RDC), 1996

▼ **CANSOF operators returning to Kandahar Airbase from a Direct Action operation**
Des opérateurs des FOSCAN reviennent à la base aérienne de Kandahar après
une opération d'action directe

▶ **CANSOF mobility patrol outside Kandahar Airbase, South Afghanistan**
Patrouille mobile des FOSCAN à l'extérieur de la base aérienne de Kandahar,
dans le sud de l'Afghanistan

◥ Scaling mountainous terrain during Operation Anaconda
Escalade en terrain montagneux dans le cadre de l'Opération Anaconda

◥ CANSOF observation post during Operation Anaconda, northeast Afghanistan
Poste d'observation des FOSCAN pendant l'Opération Anaconda, dans le nord-est de l'Afghanistan

▶ Operators providing close protection for then prime minister Jean Chrétien and President Hamid Karzai
Des opérateurs assurent la protection rapprochée du premier ministre de l'époque, Jean Chrétien, et du président Hamid Karzai

▼ CANSOF patrol passing through Qalat,
Afghanistan
Patrouille des FOSCAN passant par Qalat,
en Afghanistan

▶ Fast rope training, Bagram coalition
airbase, northeast Afghanistan
Instruction sur la descente rapide, base
aérienne de la coalition à Bagram, dans le
nord-est de l'Afghanistan

◥ Clearing a Taliban defensive position, northern
Kandahar Province, Afghanistan
Neutralisation d'une position défensive des talibans, au

◣ Extraction from an operation by a CH-47 Chinook
Extraction d'une opération à l'aide d'un CH-47 Chinook

Providing medical care to a wounded enemy combatant, northern Kandahar, Afghanistan

On fournit des soins médicaux à un combattant ennemi blessé dans le nord de Kandahar, en Afghanistan

▼ **Counterinsurgency operations in Afghanistan**
Opérations de contre-insurrection en Afghanistan

▼ Counter-insurgency operations in Afghanistan
Opérations de contre-insurrection en Afghanistan

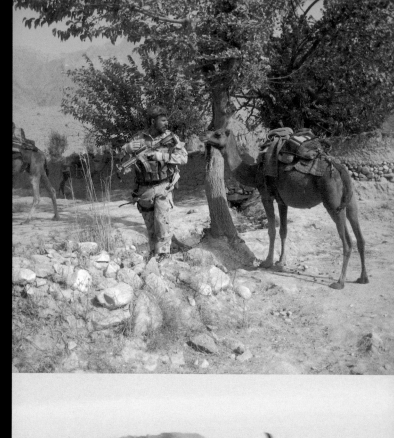

▼ Village search, Zabul Province, Afghanistan
Fouilles dans un village, province de Zabul, en
Afghanistan

▶ CANSOF patrol with close air support provided by
an AH-64 Apache
Patrouille des FOSCAN avec l'appui aérien rapproché
d'un AH-64 Apache

▶▶ CANSOF patrol in southern Afghanistan
Patrouille des FOSCAN dans le sud de l'Afghanistan

THE RISE OF CANSOFCOM
2006–2016

VIAM INVENIEMUS

LA CRÉATION DU COMFOSCAN
de 2006 à 2016

▼ HMMWV loaded for a mobility patrol, Kandahar, Afghanistan
Chargement d'un HMMWV pour une patrouille mobile dans la province de Kandahar, en Afghanistan

▶ Mobility patrol in southern Afghanistan
Patrouille mobile dans le sud de l'Afghanistan

Navigating an Afghan wadi
Les opérateurs se déplacent dans un oued en Afghanistan

Neutralizing Taliban fighting positions, north Helmand Province, Afghanistan
Neutralisation des positions de combat des talibans, dans le nord de la province de Helmand, en Afghanistan

Patrolling with Afghan National Army partners in north Helmand Province, Afghanistan
Patrouille en collaboration avec nos partenaires de l'Armée nationale afghane dans le
nord de la province de Helmand, en Afghanistan

Day of resupply and rest during a patrol in north Helmand Province, Afghanistan
Jour de réapprovisionnement et de repos durant une patrouille dans le nord de la province de Helmand, en Afghanistan

Patrol pausing at dusk, southern Afghanistan
Une patrouille fait une pause au crépuscule, dans le sud de l'Afghanistan

◤ CANSOF patrol in Kandahar
Patrouille des FOSCAN à Kandahar

▶ CANSOF K-9 team, Afghanistan
Équipe canine des FOSCAN, Afghanistan

▼ **Dialogue with village elders, south Afghanistan**
Dialogue avec les aînés du village, dans le sud de
l'Afghanistan

▶ **Afghan dust storm**
Tempête de poussière en Afghanistan

▶ **Moving to an entry point during training**
Des opérateurs se dirigent vers un point d'entrée lors
d'un entraînement

Clearing a hallway during a training exercise
Des opérateurs dégagent un couloir durant un exercice

Conducting an entry during a training exercise
Des opérateurs effectuent une entrée durant un exercice

▶ **Breaching a door during an assault**
Des opérateurs enfoncent une
porte durant un assaut

◀ CANSOF K-9 team
Équipe canine des FOSCAN

Breaching a steel door during a training exercise
Des opérateurs enfoncent une porte en acier durant un exercice

Breaching a window during a training exercise
Des opérateurs enfoncent une fenêtre durant un exercice

Lead climbing at night with night vision goggles
Escalade en tête durant la nuit, à l'aide de lunettes de vision nocturne

Conducting high-altitude parachute training
Exercice de saut en parachute à haute altitude

High-altitude parachutist
Parachutiste de haute altitude

◥ Conducting high-altitude parachute training
Exercice de saut en parachute à haute altitude

▶ Practising a stack during high-altitude parachute training
Des opérateurs pratiquent un saut en formation rapprochée
durant un exercice de saut en parachute à haute altitude

▼ Firing practice during a winter exercise
  Exercice de tir durant un exercice hivernal

▶ On patrol during an exercise in British Columbia
  Patrouille durant un exercice en Colombie-Britannique

▼ Mobility firing range during a winter exercise
Champ de tir mobile durant un exercice hivernal

◀ Practising contact drills during a winter exercise
Exercice de drills au contact durant un exercice hivernal

◀◀ Boarding a vessel in rough seas
Arraisonnement en mer agitée

◀ Maritime counterterrorism exercise near Hibernia
Exercice de contre-terrorisme maritime près d'Hibernia

▶ Special operations craft fitted with support weapons
Embarcation des opérations spéciales munie d'armes
d'appui

Special operations craft navigating rough waters
Embarcation des opérations spéciales en mer agitée

Conducting parachute operations
Activités de parachutage

▼ **Small craft insertion off a Canadian Victoria Class submarine**
Insertion d'une petite embarcation près d'un sous-marin
canadien de classe Victoria

▶ Operators moving ashore from small craft
Des opérateurs débarquent d'une petite embarcation

▼ Heliborne extraction
Extraction héliportée

▶ Operator conducting a site exploitation
Un opérateur effectue l'exploitation d'un site

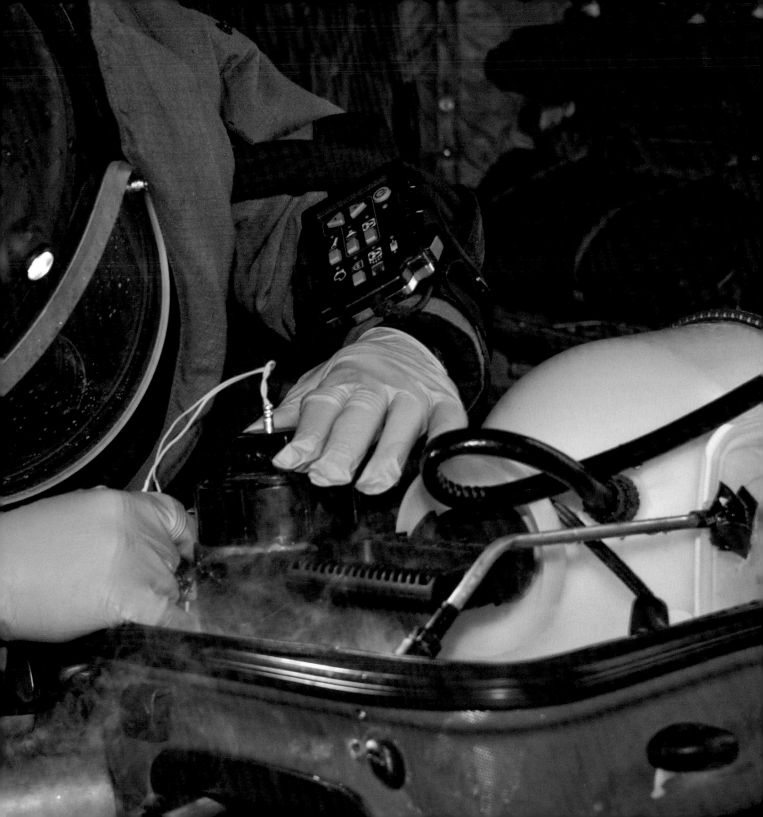

Operator conducting chemical sampling during Exercise
Sumbola Dragon
Un opérateur effectue des activités d'échantillonnage
chimique durant l'exercice Sumbola Dragon

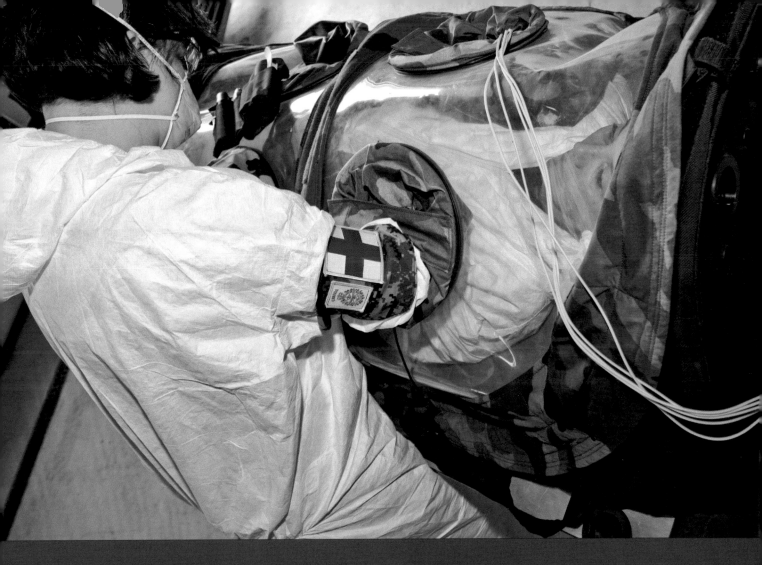

Casualty care
Soins des blessés

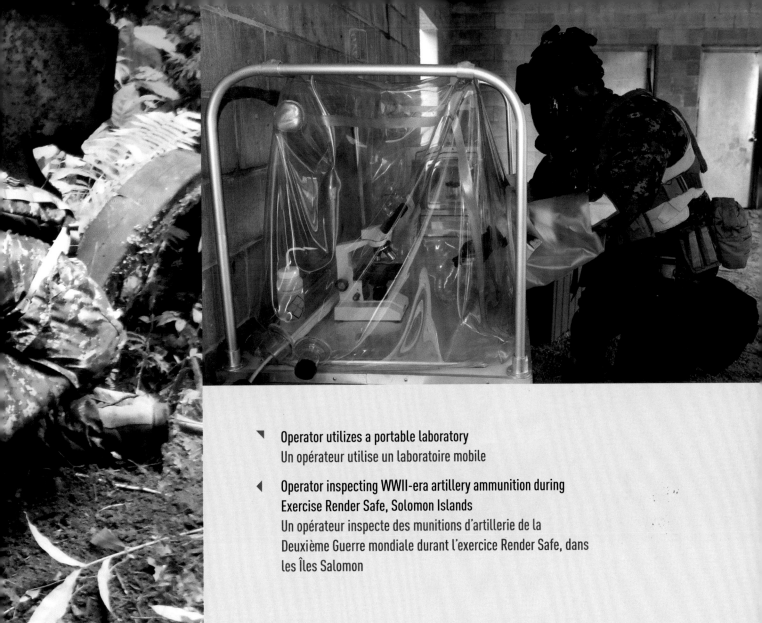

▼ Operator utilizes a portable laboratory
Un opérateur utilise un laboratoire mobile

◄ Operator inspecting WWII-era artillery ammunition during
Exercise Render Safe, Solomon Islands
Un opérateur inspecte des munitions d'artillerie de la
Deuxième Guerre mondiale durant l'exercice Render Safe, dans
les Îles Salomon

▼ Operators performing site exploitation during an IRTF exercise
Des opérateurs effectuent l'exploitation d'un site durant un exercice de la FORI

▶ Operators conduct a site exploitation
Des opérateurs effectuent l'exploitation d'un site

▼ Operators prepare decontamination equipment
Des opérateurs préparent l'équipement de décontamination

◀ Operators moving into position to secure the objective during Exercise Sumbola Dragon
Des opérateurs se mettent en position pour s'emparer de l'objectif durant l'exercice Sumbola Dragon

Operator verifies that enemy weapons are not contaminated during an exercise

Un opérateur s'assure que les armes de l'ennemi ne sont pas contaminées durant un exercice

Operators extracting from an objective by UH-60 helicopter during a combined exercise

Des opérateurs sont évacués à bord d'un hélicoptère UH-60 durant un exercice interalliés

Operators ready to receive contaminated personnel during an exercise

Des opérateurs sont prêts à accueillir des membres du personnel contaminés durant un exercice

Operators conducting tests in portable laboratory
Des opérateurs effectuent des tests dans un laboratoire mobile

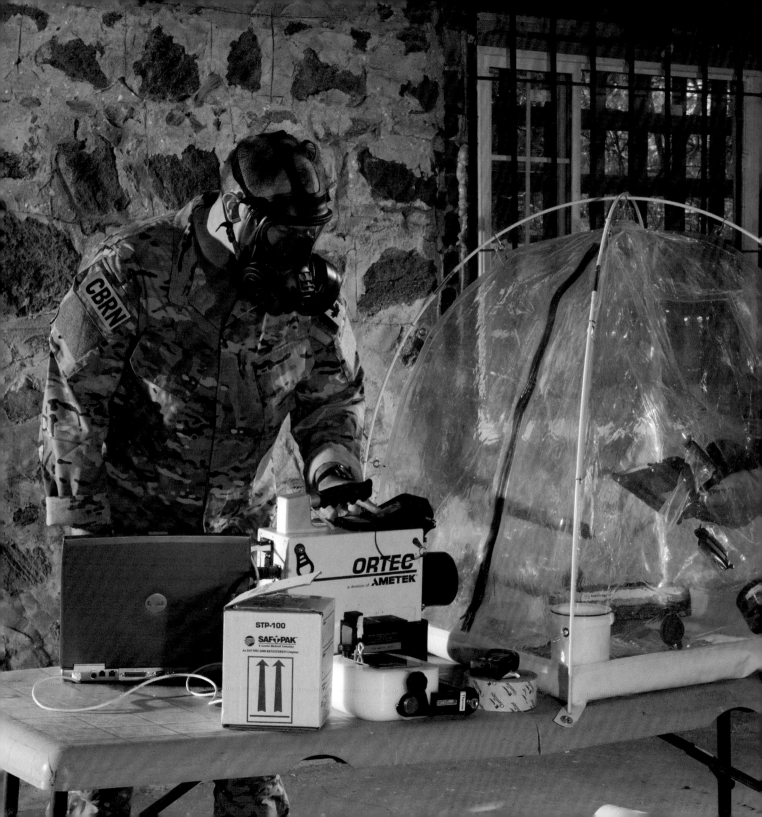

Operators conduct a site exploitation
Des opérateurs effectuent l'exploitation d'un site

Operator assesses the situation after making entry into a suspected chemical agent lab
Un opérateur évalue la situation après être entré dans un présumé laboratoire d'agents chimiques

Operator demonstrates chemical detection equipment to former prime minister Stephen Harper
Un opérateur fait la démonstration d'équipement de détection chimique à l'ex-premier ministre Stephen Harper

Operators conduct a site exploitation

Des opérateurs effectuent l'exploitation d'un site

Operators performing a confined space rescue
Des opérateurs effectuent un sauvetage en espace clos

Night insertion during operations in Afghanistan
Insertion nocturne durant des opérations en Afghanistan

Preparing a HMMWV for lift by a CH-47 Chinook helicopter
Des opérateurs préparent un HMMWV au transport par un hélicoptère CH-47 Chinook

Mobility patrol in Afghanistan
Patrouille mobile en Afghanistan

▼ Dismounted patrol in southern Afghanistan
Patrouille débarquée dans le sud de l'Afghanistan

◀ Sniper over-watch during operations in Afghanistan
Tireur d'élite en position de surveillance durant des opérations en Afghanistan

◥ Dismounted patrol in southern Afghanistan
Patrouille débarquée dans le sud de l'Afghanistan

▶ Dismounted operations in Afghanistan
Opérations débarquées en Afghanistan

► Rappelling from a CH-146 Griffin helicopter
Descente en rappel d'un hélicoptère CH-146 Griffin

◄ Assault swimmer insertion from a CH-146
Insertion de combattants par l'eau à partir d'un CH-146

Preparing for a free-fall parachuting descent
Des opérateurs se préparent à un saut en parachute en chute libre

Free-fall parachuting descent
Saut en parachute en chute libre

▼ Operators loading onto a CH-146 during winter training exercise
Des opérateurs montent à bord d'un CH-146 durant un exercice hivernal

▶ Live-fire training during winter exercise in British Columbia
Exercice de tirs réels durant un exercice hivernal en Colombie-Britannique

Snow mobility training during winter exercise
Instruction sur les déplacements dans la neige durant un exercice hivernal

▼ Roping in during complex terrain training in British Columbia
Technique de la corde courte durant l'entraînement en terrain complexe en Colombie-Britannique

◀ Climbing Mount La Difensa, Italy, during visit with First Special Service Force veterans
Escalade du mont La Difensa, en Italie, durant une visite des anciens combattants de la Première Force de Service spécial

▼ Securing a United States CV-22 landing zone — international exercise in Jordan
Préparation d'une zone d'atterrissage pour les CV-22 américains — exercice international en Jordanie

◄ Traversing a glacier during high-altitude training in British Columbia
Déplacement sur un glacier durant l'entraînement à haute altitude en Colombie-Britannique

Insertion by Jordanian UH-60 Blackhawk — international exercise in Jordan
Insertion à l'aide d'un UH-60 Blackhawk jordanien — exercice international en Jordanie

Mobility patrol with partnered Nigerian Army unit
Patrouille mobile en partenariat avec une unité des forces armées du Nigeria

▼ Assault training with partnered Mauritanian Armed Forces personnel
Entraînement à l'assaut avec le personnel des forces armées mauritaniennes partenaires

◀ Close-quarter-battle training with partnered Niger Army unit
Entraînement sur le combat rapproché en partenariat avec une unité des forces armées du Niger

▼ **Training with partnered Malian Armed Forces personnel**
Entraînement avec le personnel des forces armées maliennes

▶ **Assault pioneer conducting mine-detection training**
Un pionnier d'assaut suit une instruction sur la détection des mines

- Heavy weapons training
  Instruction sur les armes lourdes

- Night live-fire training using heavy weapons on a HMMWV
  Entraînement de tir réel la nuit à l'aide d'armes lourdes
  chargées sur un HMMWV

▼ **Close-quarter-battle training with partnered Jamaican Defence Forces**
Entraînement au combat rapproché avec les membres des forces de défense jamaïcaines partenaires

▶ **Training with partnered Jamaican Defence Forces**
Entraînement avec les membres des forces de défense jamaïcaines partenaires

Urban combat training with partnered Jamaican Defence Forces
Entraînement au combat en zone urbaine avec les membres des forces de défense jamaïcaines partenaires

▼ Training with partnered Belize Defence Force
Entraînement avec les membres des forces de défense du Belize partenaires

◀ Pistol training with partnered Belize Defence Force
Entraînement au pistolet avec les membres des forces de défense du Belize partenaires

Close-quarter-battle training with partnered Malaysian Army personnel
Entraînement au combat rapproché avec les membres des forces armées malaisiennes

CH-146 inserting a patrol into a forest by rappel
Descente en rappel dans une forêt à partir d'un CH-146

Operators extracting from a rooftop by CH-146
Extraction d'opérateurs sur un toit à l'aide d'un CH-146

◥ Assault swimmer insertion
Insertion de combattants par l'eau

◤ Aviation technician in CANSOFCOM
Technicien en aéronautique du COMFOSCAN

Operators rappelling onto a ship
Des opérateurs effectuent une descente en rappel sur un navire

CANSOF Mi-17 HIP helicopter flown by 427 SOAS pilots at Kandahar Airfield
Des pilotes du 427 EOSA pilotent un hélicoptère Mi-17 HIP des FOSCAN à la
base aérienne de Kandahar

The first Mi-17 landing at Forward Operating Base Graceland

Le premier atterrissage d'un Mi-17 à la base d'opérations avancée de Graceland

Mi-17 providing operators with tactical airlift
Des opérateurs profitent d'un transport aérien tactique à bord d'un Mi-17

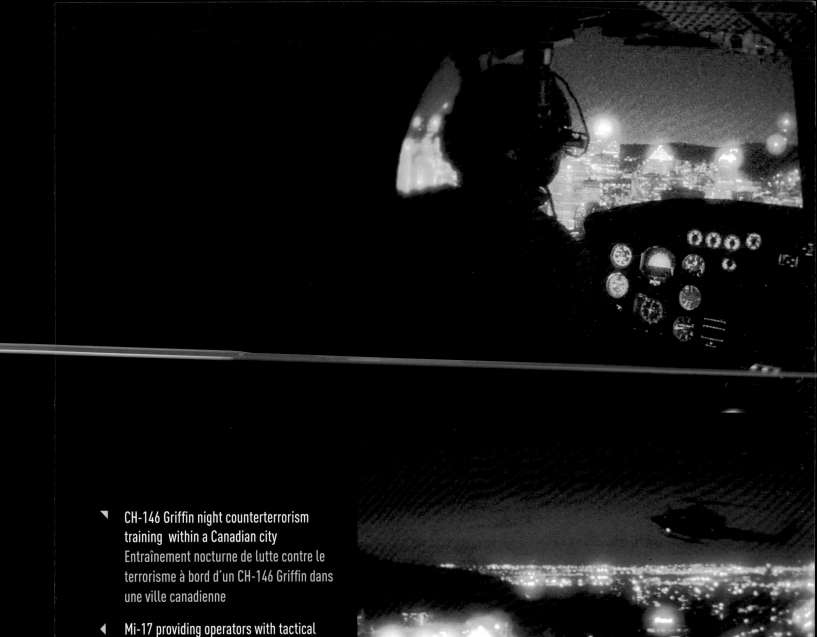

CH-146 Griffin night counterterrorism training within a Canadian city
Entraînement nocturne de lutte contre le terrorisme à bord d'un CH-146 Griffin dans une ville canadienne

Mi-17 providing operators with tactical airlift
Des opérateurs profitent d'un transport aérien tactique à bord d'un Mi-17

▼ Refuelling a CH-146 from a USAFSOC MC-130J Hercules in Niger
Ravitaillement d'un CH-146 à partir d'un MC-130J Hercules de la USAFSOC au Niger

◄ Fast rope training with Jamaican partnered forces
Instruction sur la descente en rappel rapide avec les forces jamaïcaines partenaires

CH-146 aircraft providing armed escort during
an international exercise in Niger
Des aéronefs CH-146 fournissent une escorte
armée durant un exercice international au Niger

CH-146 aircraft providing armed escort in Niger
Des aéronefs CH-146 fournissent une escorte armée au Niger

CH-146 door gunner during an international exercise in Mauritania
Un mitrailleur de porte de CH-146 durant un exercice international en Mauritanie

◥ Operators conducting a medical evacuation by CH-146 during an exercise in Niger
Des opérateurs effectuent une évacuation médicale à l'aide d'un CH-146 durant un exercice au Niger

◀ CH-146 providing armed escort to a convoy in Niger
Un aéronef CH-146 fournit une escorte armée à un convoi au Niger

Fast rope insertion onto a Canadian Victoria Class submarine
Insertion par descente rapide sur un sous-marin canadien de classe Victoria

Preparing for a water insertion (assault swimmers) from CH-146
Préparation à une insertion dans l'eau (combattants arrivant par l'eau) à partir d'un CH-146

▼ Providing advice to candidates on the Special Operations
Common Environmental Training (SOCET) program
Des opérateurs donnent des conseils aux candidats qui
participent au programme d'instruction commune propre à
l'élément – opérations spéciales (SOCET)

▶ Giving orders during the Special Operations Primary Leadership
Qualification Course
Des opérateurs donnent des ordres durant le Cours de qualifica-
tion élémentaire en leadership – opérations spéciales

Deep snow traverse during the Special Operations Ski
Mountaineering Course
Déplacement en neige profonde durant l'Instruction au ski
de haute montagne – opérations spéciales

Patrolling during the Special Operations Ski Mountaineering
Course
Patrouille durant l'Instruction au ski de haute montagne –
opérations spéciales

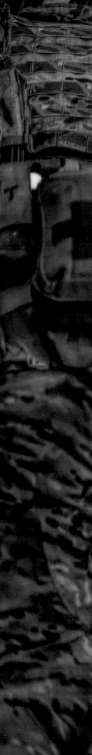

◥ Foreign student attending the Special Operations Tactical Combat Casualty Care Course
Stagiaire étranger suivant le Cours de secourisme en situation de combat – opérations spéciales

▶ CANSOF medical specialists
Médecins spécialistes des FOSCAN

▼ Teaching hand signals on the Special Operations
Rappel Master Course
Enseignement des signaux manuels dans le cadre
du Cours de chef du rappel – opérations spéciales

▼ Fast rope portion of the Special Operations Insert /
Extract Course
Volet sur la descente rapide du Cours d'insertion /
extraction – opérations spéciales

▶ CANSOF MSE specialists delivering components to
establish a forward operating base
Les spécialistes en MMS des FOSCAN livrent
des composantes pour mettre sur pied une base
d'opérations avancée

▼ Assisting in the fight against Daesh — machine gun training with Kurdish soldiers in northern Iraq
Appuyer le combat contre Daech — instruction sur les mitrailleuses avec les soldats kurdes dans le nord de l'Irak

◄ Providing sniper training to a Kurdish soldier in northern Iraq
Instruction au tir d'élite donnée à un soldat kurde dans le nord de l'Irak

▼ Working with partners in northern Iraq to teach tactical planning
Collaboration avec les partenaires dans le nord de l'Irak pour offrir une instruction en planification tactique

▶ Training with Kurdish soldiers
Entraînement avec des soldats kurdes

◀ Providing mortar training to Kurdish soldiers
Entraînement sur les mortiers à l'intention des soldats kurdes

► **Neutralizing Daesh positions threatening the training mission in northern Iraq**
Neutralisation des positions Daech qui menacent la mission d'entraînement dans le nord de l'Irak

CANSOFCOM INTO THE FUTURE

The true test of relevance of any organization is not what it claims it will do but rather what it actually does. Within the context of defence, all indicators — from global flashpoints, to the dark side of globalization, to the rise of non-state actors and hybrid warfare, to the intricacies and nuances of domestic and international politics — indicate that the future operating environment will become even more complex and dangerous than its current state.

It is for this reason that CANSOFCOM will remain a key component of the Canadian national defence/security infrastructure. After all, its relevance is rooted in the fact that CANSOF represents a highly reliable, low-cost military option that can provide the government with agile, adaptive, appropriate, scalable, and rapid military responses. Its core value of the pursuit of excellence drives its preparation in peacetime and its operational excellence on deployments.

Significantly, CANSOFCOM is fully integrated in the national defence/security paradigm. Its personnel are capable of operating independently, or within a joint (i.e., Navy, Army, Air Force) or coalition construct, either at home or abroad. Moreover, they are also linked into the whole-of-government approach to ensure that they are capable of operating with law enforcement agencies and other government departments.

L'AVENIR DU COMFOSCAN

Le véritable critère de pertinence pour toute organisation n'est pas ce qu'elle dit pouvoir accomplir, mais plutôt ce qu'elle accomplit réellement. Dans le contexte de la défense, tous les indicateurs — que ce soit les points chauds à l'échelle mondiale, les risques associés à la mondialisation, l'émergence des acteurs non étatiques et des guerres hybrides, ou la complexité et les subtilités de la politique nationale et internationale — indiquent que l'environnement opérationnel futur deviendra encore plus complexe et dangereux que dans son état actuel.

Voilà pourquoi le COMFOSCAN demeure un élément clé de l'infrastructure de défense / sécurité nationale du Canada. Après tout, sa pertinence se fond sur le fait que les FOSCAN représentent une option militaire très fiable et à faible coût qui donne au Canada une capacité de réaction militaire rapide, agile, adaptable, appropriée et échelonnable. Sa valeur fondamentale de recherche de l'excellence est le vecteur derrière sa préparation en temps de paix et son excellence opérationnelle lors des déploiements.

Fait à noter, le COMFOSCAN est entièrement intégré dans le paradigme de défense / sécurité nationale. Les membres de son personnel sont en mesure de travailler indépendamment des autres ou dans le cadre d'une force interarmées (c.-à-d. avec la Marine, l'Armée ou la Force aérienne), que ce soit au pays ou à l'étranger. En outre, ils sont également liés à l'approche pangouvernementale afin de s'assurer qu'ils puissent collaborer avec les organismes d'application de la loi et les autres ministères gouvernementaux.

En résumé, le défi que représente l'environnement de sécurité de demain est la raison précise pour laquelle le COMFOSCAN demeurera une force de choix dans l'avenir. Il offrira au chef d'état-major de la Défense et au gouvernement une force pertinente capable de protéger les intérêts nationaux. Après tout, les membres du COMFOSCAN :

1. peuvent être déployés rapidement et à court préavis dans n'importe quel environnement;

2. peuvent déployer de petites équipes très compétentes qui ont une faible signature / une faible présence ou qui sont clandestines et lesquelles ne représentent pas un engagement majeur en matière de politique étrangère;

3. servent de catalyseur pour unifier et maximiser les efforts des autres instruments de puissance nationale et en élargir la portée;

4. peuvent travailler avec des forces conventionnelles et indigènes, ainsi qu'avec d'autres ministères;

In sum, the daunting future security environment is precisely why CANSOFCOM will remain a force of choice into the future and provide the Chief of the Defence Staff and government with a relevant force capable of protecting the national interest. After all, its personnel:

1. are capable of short-notice, rapid deployment into any environment;

2. are proficient at deploying small, highly capable teams that have a low signature / are low-visibility or clandestine and do not represent a major foreign policy engagement;

3. serve as a catalyst to unify, extend the reach of, and maximize the effects of other instruments of national power;

4. are capable of working with conventional and indigenous forces, as well as other government departments;

5. provide the government with a wide spectrum of special operations options, lethal and non-lethal, to deter, disrupt, dislocate, and, when necessary, destroy those that would do harm to the nation, its allies and friends, or its national interests, in hostile, denied, or politically sensitive areas; and

6. most importantly, represent a highly trained and educated, adaptive, agile-thinking force capable of dealing with the threat that has not yet been identified. ⊕

5. peuvent fournir au gouvernement un éventail d'options en matière d'opérations spéciales, aux effets létaux et non létaux, pour dissuader, perturber, désorganiser et, au besoin, détruire ceux qui menacent la nation, ses alliés et amis ou ses intérêts nationaux, dans des régions hostiles, interdites ou sensibles sur le plan politique;

6. surtout, représentent une force hautement qualifiée et scolarisée, adaptable et capable de penser et d'agir avec stratégie, et de faire face aux menaces qui n'ont pas encore été définies.

ACKNOWLEDGEMENTS

Any project of this magnitude owes its creation to many people. However, as always, there are a few individuals who warrant special recognition and thanks. As such, Chris Allen is owed a debt of gratitude. Without his enthusiastic support and ability to source the necessary photographs, this publication would never have reached its full potential. Similarly, Dr. Emily Spencer's assistance once again proved invaluable.

Thanks are also due to the team at Dundurn, including publisher Kirk Howard, managing editor Kathryn Lane, and designer Laura Boyle.

In addition, a number of other individuals provided valuable support and merit special mention. They are Bruce Ball, James Chorley, André Cornect, Gary Fleming, Scott Gardiner, Craig Higgins, John Keddy, Shannon King, Mike Lavellee, Frank Moses, Chris Teer, Dan Tremblay, Grant Williams, and Dave Wood.

REMERCIEMENTS

La création d'un projet de cette envergure nécessite un grand nombre de personnes. Cependant, comme toujours, il nous faut reconnaître spécialement certaines personnes. Ainsi, nous tenons à remercier Chris Allen. Sans son enthousiasme et sa capacité à trouver les photos nécessaires, le projet de publication n'aurait pas été aussi réussi. De même, nous devons remercier encore une fois Mme Emily Spencer, titulaire d'un doctorat, pour son appui indispensable.

Nous tenons aussi à remercier l'équipe de Dundurn, y compris le président Kirk Howard, l'éditrice en chef Kathryn Lane et la responsable de la conception graphique Laura Boyle.

En outre, certaines autres personnes nous ont fortement appuyés et méritent une mention spéciale. Elles sont : Bruce Ball, James Chorley, André Cornect, Gary Fleming, Scott Gardiner, Craig Higgins, John Keddy, Shannon King, Mike Lavellee, Frank Moses, Chris Teer, Dan Tremblay, Grant Williams et Dave Wood.